Gingembre
Feuilles de combava
Champignons de paille
Basilic thaï
Cardamome
Étoiles de badiane

Mango une marque de Fleurus Éditions
www.fleuruseditions.com

Juju Juhartini

Craquez pour les soupes du monde !

30 recettes aux mille et une saveurs

Photos : Fabrice Veigas
Stylisme et réalisation : Sandra Mahut

MANGO

Sommaire

Soupe de légumes (chorba hamra)

ALGÉRIE

Préparation
20 minutes

Cuisson
40 minutes

Ingrédients pour 4 personnes
200 g d'épaule d'agneau
150 g de pois chiches
100 g de vermicelles fins
3 grosses tomates
2 carottes
1 pomme de terre
1 gros navet
1 courgette
1 bulbe de fenouil
1 oignon
2 branches de céleri
5 brins de persil
1 bouquet de coriandre
½ cuillerée à café de curcuma
½ cuillerée à café de paprika
1 pincée de gingembre en poudre
1 cuillerée à café de raz-el-hanout
1 pincée de cannelle moulue
1 pincée de safran
1,5 litre de bouillon de bœuf
3 cuillerées à soupe d'huile d'olive
Le jus de ½ citron
Sel, poivre

/ La veille, faites tremper les pois chiches toute la nuit dans 1,5 litre d'eau froide.
/ Le jour même, taillez l'agneau en petits cubes.
/ Pelez, épépinez et coupez les tomates en petits dés.
/ Épluchez tous les autres légumes et coupez-les en petits dés. Émincez le céleri.
/ Pelez et émincez l'oignon. Hachez grossièrement le persil.
/ Faites chauffer l'huile dans une grande cocotte, puis faites revenir l'oignon 3 minutes à feu vif en remuant. Ajoutez l'agneau, les dés de légumes, les pois chiches égouttés, le céleri, le persil et toutes les épices. Salez, poivrez et couvrez avec le bouillon de bœuf. Portez à ébullition, puis réduisez le feu et laissez cuire 30 minutes environ, jusqu'à ce que tous les légumes soient tendres.
/ Ajoutez ensuite dans la cocotte les vermicelles et la coriandre ciselée. Continuez la cuisson 5 minutes à feu doux.
/ Vérifiez l'assaisonnement avant de servir la soupe bien chaude arrosée d'un filet de citron.

Bon à savoir !
Vous pouvez remplacer les vermicelles par des mqatfa, petites pâtes roulées à la main ; le raz-el-hanout par des épices à couscous. N'hésitez pas à ajouter quelques fèves fraîches pendant la saison.

Soupe de pois au lard

ALLEMAGNE

Préparation
20 minutes

Cuisson
1 h 20

Ingrédients pour 4 personnes
400 g de pois jaunes secs
250 g de lard maigre
2 oignons
½ boule de céleri-rave
1 carotte
1 petit poireau
250 g de pommes de terre
2 brins de persil
½ cuillerée à café de sarriette pilée
1 cuillerée à soupe rase
de marjolaine pilée
Sel, poivre

/ La veille, faites tremper les pois toute la nuit dans une cocotte avec 1,5 litre d'eau froide.
/ Le jour même, coupez le lard en dés. Épluchez et hachez grossièrement les oignons.
/ Dans la marmite contenant les pois et l'eau de trempage, ajoutez les lardons et les oignons. Faites cuire 1 heure à couvert sur feu moyen.
/ Épluchez le céleri, la carotte et le poireau puis hachez-les grossièrement.
/ Épluchez et coupez les pommes de terre en petits dés.
/ Ajoutez l'ensemble des légumes avec la sarriette et la marjolaine dans la cocotte ; salez, poivrez et mélangez avec les pois. Laissez mijoter 20 minutes à feu doux.
/ Servez la soupe bien chaude parsemée de persil ciselé.

Bon à savoir !
Cette soupe est encore meilleure réchauffée le lendemain.
Vous pouvez utiliser des pois blancs secs.

Soupe de petits pois frais à la menthe

AUSTRALIE

Préparation
15 minutes

Cuisson
15 minutes

Ingrédients pour 4 personnes
500 g de petits pois frais écossés
4 tranches épaisses de pancetta
12 feuilles de menthe
4 cuillerées à soupe de crème fraîche
1 litre de bouillon de volaille
1 cuillerée à soupe d'huile d'olive
Sel, poivre

/ Ciselez la menthe. Réchauffez le bouillon.

/ Faites chauffer l'huile dans une poêle puis faites frire les tranches de pancetta 5 à 7 minutes de chaque côté (elles doivent être bien croustillantes).

/ Blanchissez les petits pois 3 minutes dans l'eau bouillante salée puis égouttez-les.

/ Mixez les petits pois avec 1 louche et demie de bouillon très chaud pour obtenir une purée, puis ajoutez le reste du bouillon en continuant de mixer.

/ Salez et poivrez selon votre goût (ajoutez éventuellement un peu d'eau bouillante pour obtenir la consistance souhaitée).

/ Versez la soupe bien chaude dans des bols. Décorez avec une spirale de crème fraîche et parsemez de menthe ciselée. Déposez 1 tranche de pancetta par-dessus.

Bon à savoir !

Vous pouvez remplacer les petits pois frais par des petits pois surgelés ; la pancetta par du lard fumé ; le bouillon de volaille par du bouillon de jambon.
Cette soupe peut se consommer glacée ; dans ce cas, ne mettez pas de pancetta.

Soupe aux crevettes

CAMBODGE

Préparation
15 minutes

Cuisson
15 minutes

Ingrédients pour 4 personnes
16 crevettes crues (type bouquet)
200 g de nouilles de riz de 3 mm
150 g de champignons de paille en boîte
2 feuilles de combava (variété de citron vert très parfumé)
1 cm de galanga (racine proche du gingembre)
1 tige de citronnelle
1 oignon
1 gousse d'ail
5 brins de coriandre
1 cuillerée à soupe de nuoc-mâm
Le jus de 1 citron vert
1,5 litre de bouillon de volaille
2 cuillerées à soupe d'huile de tournesol
Poivre

/ Décortiquez les crevettes et fendez-les sur le dos.

/ Pelez et émincez l'oignon et l'ail. Coupez le galanga en tranches très fines. Taillez la tige de citronnelle en fines rondelles. Ciselez les feuilles de combava. Coupez les champignons de paille en deux.

/ Faites chauffer l'huile dans une grande cocotte, puis faites revenir l'oignon et l'ail 3 minutes à feu vif en remuant.

/ Versez le bouillon de volaille dans la cocotte. Ajoutez les crevettes, les champignons, le combava, le galanga, la citronnelle et le nuoc-mâm ; poivrez. Portez à ébullition puis faites cuire 5 minutes à feu moyen.

/ Plongez les nouilles de riz dans une grande casserole d'eau bouillante et laissez cuire 7 minutes sans couvrir. Rincez les nouilles de riz sous l'eau froide et égouttez.

/ Répartissez les nouilles dans les bols. Versez la soupe bouillante par-dessus.

/ Parsemez de coriandre ciselée et arrosez du jus de citron vert. Servez aussitôt.

Bon à savoir !
Vous pouvez réaliser cette soupe avec des nouilles de blé fraîches et des champignons de Paris émincés. Les feuilles de combava peuvent être remplacées par du basilic ; le galanga par du gingembre et la citronnelle par 2 brins d'aneth.

Soupe aux pois cassés

CANADA

Préparation
15 minutes

Cuisson
1 h

Ingrédients pour 4 personnes
500 g de pois cassés
500 g de palette de porc fumée
2 grosses carottes
1 branche de céleri
1 oignon doux
2 gousses d'ail
4 brins de persil plat
+ un peu pour le décor
1 branche de thym
2 feuilles de laurier
4 clous de girofle
Sel, poivre

/ Pelez l'oignon et piquez-le de clous de girofle. Pelez et hachez l'ail.
/ Déposez la palette dans une grande cocotte avec 2 litres d'eau froide. Ajoutez le thym, le laurier, l'oignon et l'ail. Salez et poivrez. Portez à ébullition, puis réduisez le feu et laissez cuire 30 minutes.
/ Épluchez les carottes et coupez-les en gros dés. Émincez le céleri.
/ Ajoutez dans la cocotte les pois cassés, les carottes, le céleri et le persil ciselé. Portez à ébullition, puis continuez la cuisson 20 minutes à feu moyen.
/ Retirez les clous de girofle, le thym et le laurier. Égouttez la viande et émiettez-la.
/ Prélevez la moitié des légumes et mixez-les. Remettez-les dans la cocotte ainsi que la viande. Réchauffez le tout 2 à 3 minutes.
/ Parsemez la soupe de persil ciselé et servez aussitôt.

Bon à savoir !
Vous pouvez remplacer la palette de porc par du jarret de porc fumé.

Soupe au crabe

CHINE

Préparation
15 minutes

Cuisson
15 minutes

Ingrédients pour 4 personnes
200 g de chair de crabe en conserve
8 noix de Saint-Jacques surgelées
100 g de pousses de bambou en boîte (déjà coupées)
20 g de champignons parfumés séchés et émincés (type shiitake)
4 œufs
1 oignon
1 gousse d'ail
4 brins de coriandre
3 tiges de ciboule
1 cm de gingembre frais
1 cuillerée à soupe de nuoc-mâm
1,5 litre de bouillon de poisson
2 cuillerées à soupe d'huile de tournesol
Poivre

/ Émiettez la chair de crabe.
/ Réhydratez les champignons séchés dans un bol d'eau bouillante pendant 10 minutes ; rincez et égouttez.
/ Pelez et émincez le gingembre. Nettoyez les ciboules et coupez-les en tronçons.
/ Pelez et émincez l'oignon et l'ail.
/ Faites chauffer l'huile dans une grande cocotte, puis faites revenir l'oignon, l'ail et le gingembre 3 minutes à feu vif en remuant.
/ Ajoutez dans la cocotte le bouillon de poisson, les champignons, le nuoc-mâm, les pousses de bambou égouttées, la moitié des ciboules, les noix de Saint-Jacques et la chair de crabe ; poivrez. Portez à ébullition, puis réduisez à feu moyen et laissez cuire 5 minutes sans couvrir.
/ Battez les œufs en omelette puis, à l'aide d'un récipient à bec verseur, ajoutez-les doucement dans la soupe en un filet ininterrompu : ils doivent former des filaments.
/ Versez la soupe dans les bols. Décorez de coriandre ciselée et du reste de ciboule.

Bon à savoir !
Vous pouvez remplacer les Saint-Jacques par 250 g de moules décortiquées surgelées ; les champignons séchés par 200 g de champignons de Paris émincés ; les pousses de bambou par des pousses de soja ; la ciboule par de la cébette ou des oignons nouveaux.

Soupe de haricots rouges aux lardons

COLOMBIE

Préparation
20 minutes

Cuisson
45 minutes

Ingrédients pour 6 personnes
500 g de haricots rouges secs
200 g de lardons fumés
3 grosses tomates
2 carottes
1 petite banane plantain verte
1 oignon doux
2 gousses d'ail
3 brins de persil plat
+ un peu pour le décor
2 feuilles de laurier
1,5 litre de bouillon de volaille
3 cuillerées à soupe d'huile tournesol
Sel, poivre

/ La veille, faites tremper les haricots toute la nuit dans 2 litres d'eau froide.

/ Le jour même, pelez la banane et les carottes, coupez-les en cubes de 1 cm. Épluchez et émincez finement l'oignon et l'ail. Pelez, épépinez et hachez les tomates grossièrement.

/ Faites chauffer l'huile dans une grande cocotte, puis faites revenir l'oignon, l'ail et les lardons 3 minutes à feu vif en remuant. Ajoutez les haricots rouges égouttés, la banane, les carottes, les tomates, le laurier et le persil ; salez et poivrez. Recouvrez avec le bouillon de volaille. Portez à ébullition puis laissez cuire à petit feu 35 minutes environ, jusqu'à ce que tous les légumes soient tendres.

/ Ôtez les feuilles de laurier. Servez la soupe bien chaude parsemez de persil ciselé.

Bon à savoir !
Vous pouvez remplacer les lardons fumés par 200 g de steak haché ; la banane plantain par 1 banane Cavendish (normale) verte.
Si vous utilisez des haricots rouges en boîte, ajoutez-les dans la cocotte 10 minutes seulement avant la fin de la cuisson des légumes.

Soupe à l'orge et à l'agneau

ÉCOSSE

Préparation
15 minutes

Cuisson
1 h 50

Ingrédients pour 4 personnes
500 g de collier d'agneau
3 cuillerées à soupe bombées d'orge
2 carottes
2 navets
1 poireau
1 oignon
3 brins de persil
1 feuille de laurier
Sel, poivre

/ Mettez l'agneau dans une cocotte contenant 1,5 litre d'eau froide. Ajoutez le laurier et faites cuire à feu vif 15 à 20 minutes, puis écumez pour enlever le gras.

/ Pendant la cuisson, pelez et émincez l'oignon. Épluchez tous les légumes et coupez-les en petits cubes.

/ Ajoutez dans la cocotte l'oignon, tous les légumes et l'orge ; salez et poivrez. Couvrez et faites mijoter à feu doux pendant 1 h 30.

/ Égouttez la viande ; enlevez les os et le cartilage, puis émiettez-la. Remettez les morceaux dans la cocotte et laissez réduire à feu doux 5 minutes sans couvrir.

/ Servez la soupe bien chaude parsemée de persil ciselé.

Bon à savoir !
Vous pouvez ajouter un verre de vin blanc sec au début de la seconde cuisson.

Gaspacho

ESPAGNE

Préparation
30 minutes
+ 4 heures au réfrigérateur

Sans cuisson

Ingrédients pour 4 personnes
5 belles tomates bien mûres (800 g)
2 beaux concombres
1 poivron vert
200 g de mie de pain
1 oignon rouge
1 gousse d'ail
½ botte de basilic
1 cuillerée à soupe de concentré de tomates
3 cuillerées à soupe de vinaigre de vin rouge
3 cuillerées à soupe d'huile d'olive
Sel, poivre

Pour la garniture :
2 tranches de pain grillé
2 tomates
1 petit concombre
1 oignon rouge
1 poivron vert
2 œufs durs

/ Pelez, épépinez et coupez en morceaux les concombres, les tomates et le poivron.

/ Épluchez et émincez finement l'oignon et l'ail. Effeuillez et ciselez le basilic.

/ Mettez tous les ingrédients ci-dessus dans un blender. Ajoutez la mie de pain et le vinaigre ; salez et poivrez selon votre goût. Mixez l'ensemble puis versez 1 litre d'eau glacée et continuez de mixer (pas trop, car il faut que la soupe reste légèrement granuleuse).

/ Dans un bol, mélangez l'huile et le concentré de tomates, puis ajoutez à la soupe en fouettant vivement. Rectifiez l'assaisonnement si besoin.

/ Réservez le gaspacho au réfrigérateur pendant 4 heures minimum.

/ Préparez la garniture : épluchez et émincez finement l'oignon rouge. Coupez le concombre en deux dans la longueur (sans l'éplucher), épépinez-le et taillez-le en tout petits dés.

/ Pelez, épépinez et coupez en dés le poivron et les tomates.

/ Taillez les œufs durs et le pain grillé en dés.

/ Présentez chaque ingrédient de la garniture dans un petit bol. Chacun se servira selon ses goûts.

Bon à savoir !

Vous pouvez remplacer les poivrons verts par des rouges ; le vinaigre de vin rouge par du vinaigre de Xérès, plus subtil. Pour les amateurs de sensations fortes, ajoutez une pointe d'harissa.

Soupe de palourdes

ÉTATS-UNIS

Préparation
20 minutes

Cuisson
30 minutes

Ingrédients pour 4 personnes
500 g de palourdes décortiquées (fraîches ou surgelées)
200 g de lardons fumés
3 pommes de terre
2 carottes
2 oignons
1 branche de céleri
1 gousse d'ail
3 brins de persil
25 cl de crème fraîche entière
1,5 litre de bouillon de poisson
2 cuillerées à soupe d'huile de tournesol
Sel, poivre

/ Épluchez et coupez en petits dés les carottes et les pommes de terre. Pelez et émincez les oignons et l'ail. Émincez le céleri.
/ Faites chauffer l'huile dans une cocotte, puis faites revenir l'oignon et l'ail 3 minutes à feu vif en remuant. Ajoutez les lardons et faites-les dorer de tous côtés.
/ Recouvrez de bouillon de poisson. Incorporez le céleri, les dés de légumes, les palourdes et le persil ; salez et poivrez. Portez à ébullition puis réduisez le feu et laissez mijoter 15 minutes à feu moyen.
/ Ajoutez la crème fraîche dans la cocotte et continuez la cuisson 5 minutes.
/ Prélevez la moitié de la soupe (réservez l'autre moitié dans la cocotte) et mixez-la.
/ Versez la soupe mixée dans la cocotte et réchauffez 3 à 4 minutes à feu doux.
/ Servez la soupe parsemée de persil ciselé et accompagnée de pain grillé.

Bon à savoir !
Vous pouvez remplacer les palourdes par des coques, des praires ou des moules.

Soupe paysanne

GRÈCE

Préparation
15 minutes

Cuisson
40 minutes

Ingrédients pour 4 personnes
200 g de haricots blancs frais écossés
100 g de petits pois écossés
100 g de haricots verts
3 grosses tomates
2 carottes
1 courgette
1 grosse pomme de terre
2 branches de céleri
200 g de lardons fumés
1 oignon
4 brins de persil
+ un peu pour le décor
1,25 litre de bouillon de volaille
3 cuillerées à soupe d'huile d'olive
Sel, poivre

/ Pelez, épépinez et coupez les tomates en petits morceaux. Épluchez les carottes et la pomme de terre puis coupez-les en petits dés. Coupez également la courgette en petits dés.

/ Taillez les haricots verts en tronçons de 1,5 cm. Émincez le céleri.

/ Pelez et émincez l'oignon.

/ Faites chauffer l'huile dans une cocotte, puis faites revenir l'oignon 3 minutes à feu vif en remuant. Ajoutez le bouillon de volaille, les lardons, le céleri, la totalité des légumes et le persil ; salez et poivrez.

/ Portez à ébullition, puis réduisez le feu et laissez cuire 30 minutes environ jusqu'à ce que tous les légumes soient tendres.

/ Servez la soupe bien chaude parsemée de persil ciselé.

Bon à savoir !
Vous pouvez remplacer les haricots blancs frais par des haricots surgelés.

Soupe de poisson et patate douce

GUADELOUPE

Préparation
15 minutes

Cuisson
30 minutes

Ingrédients pour 4 personnes
250 g de filets de lotte
300 g de patates douces
120 ml de lait de coco
1 grosse carotte
1 gros oignon
2 gousses d'ail
2 brins d'origan
5 brins de coriandre
2 brins de persil
½ cuillerée à café de muscade moulue
1,5 litre de bouillon de poisson
2 cuillerées à soupe d'huile de tournesol
Sel, poivre

/ Pelez les patates douces et la carotte, puis coupez-les en petits dés. Ciselez l'origan. Pelez et émincez l'oignon et l'ail.
/ Faites chauffer l'huile dans une grande cocotte, puis faites revenir l'oignon et l'ail 3 minutes à feu vif en remuant. Ajoutez les légumes, la muscade et l'origan ; salez et poivrez. Recouvrez avec le bouillon de poisson. Faites cuire à feu doux 20 minutes environ.
/ Pendant ce temps, passez les filets de lotte sous l'eau froide puis coupez-les en petits morceaux. Ciselez le persil.
/ Mixez la soupe puis reversez-la dans la cocotte. Ajoutez les morceaux de poisson, le persil et le lait de coco. Poursuivez la cuisson 10 minutes à feu moyen.
/ Versez la soupe dans les bols et parsemez de coriandre ciselée.

Bon à savoir !
Vous pouvez remplacer la lotte par des filets de poisson blanc à chair ferme (dorade, sole, cabillaud) ; la patate douce par du potiron ou de la courge ; le lait de coco par de la crème fraîche mélangée à 1 cuillerée à soupe de noix de coco râpée.

Soupe à la tomate

INDE

Préparation
15 minutes

Cuisson
30 minutes

Ingrédients pour 4 personnes
1 kg de tomates bien mûres
2 échalotes
2 gousses d'ail
3 brins de persil plat
3 brins de coriandre
1 cm de gingembre frais
1 pincée de cannelle moulue
2 graines de cardamome
1 pincée de curcuma
1 pincée de piment de Cayenne
½ cuillerée à café de coriandre en poudre
1 litre de bouillon de volaille
2 cuillerées à soupe d'huile de tournesol
Sel

/ Pelez et épépinez les tomates puis coupez-les en quatre. Pelez et émincez les échalotes et l'ail. Épluchez et hachez le gingembre.

/ Faites chauffer l'huile dans une cocotte, puis faites revenir les échalotes et l'ail 3 minutes à feu vif en remuant.

/ Ajoutez le bouillon, les tomates et toutes les épices ; salez à votre goût. Portez à ébullition, puis couvrez et laissez cuire à feu moyen 20 minutes environ.

/ Mixez la soupe puis faites-la réchauffer quelques minutes dans la cocotte sans laisser bouillir.

/ Ciselez le persil et la coriandre, parsemez-les sur la soupe. Servez aussitôt.

Bon à savoir !
Vous pouvez remplacer les tomates fraîches par des tomates en boîte.

Soupe de boulettes au bœuf

INDONÉSIE

Préparation
25 minutes

Cuisson
30 minutes

Ingrédients pour 4 personnes

Pour les boulettes :
400 g de viande de bœuf
1 gousse d'ail
1 œuf
1 cuillerée à soupe de Maïzena®
5 brins de coriandre
Sel, poivre

Pour la soupe :
250 g de nouilles de riz de 2 mm
150 g de chou blanc
100 g de germes de haricots mungo frais (pousses de soja)
1 oignon
2 tiges de ciboule
1 gousse d'ail
1 cm de gingembre frais
4 brins de coriandre
2 cuillerées à soupe d'oignons frits
1,5 litre de bouillon de volaille
2 cuillerées à soupe de sauce soja
2 cuillerées à soupe d'huile de pépins de raisin

/ Préparez les boulettes : mixez la viande avec l'ail pelé et dégermé, la coriandre, l'œuf, la Maïzena®, un peu de sel et poivre. Avec ce hachis façonnez des boulettes de la taille d'un œuf de caille. Réservez au frais.

/ Préparez la soupe : émincez le chou. Pelez et hachez le gingembre. Pelez et émincez l'oignon et l'ail. Nettoyez les ciboules et coupez-les en tronçons.

/ Faites chauffer l'huile dans une grande cocotte, puis faites revenir l'oignon, l'ail et le gingembre 3 minutes à feu vif en remuant. Recouvrez de bouillon de volaille. Ajoutez la sauce soja, les boulettes de bœuf, le chou et les ciboules. Portez à ébullition puis laissez cuire 15 minutes à feu moyen.

/ Pendant ce temps, équeutez les germes de soja.

/ Plongez les nouilles de riz dans une marmite contenant 2 litres d'eau bouillante et laissez cuire 7 à 10 minutes.

/ Égouttez les nouilles et répartissez-les dans les bols. Versez la soupe par-dessus.

/ Parsemez de coriandre ciselée, de germes de soja et d'oignons frits. Servez aussitôt.

Bon à savoir !
Vous pouvez remplacer le bœuf par du filet de poulet ou du poisson à chair ferme ; les nouilles de riz par des nouilles de blé fraîches ; la ciboule par de la cébette ou de l'oignon nouveau.

Minestrone

ITALIE

Préparation
25 minutes

Cuisson
50 minutes

Ingrédients pour 6 personnes
200 g de petits pois frais écossés
150 g de haricots blancs secs
150 g de chou blanc
3 grosses tomates
2 pommes de terre
2 carottes
2 courgettes
150 g de pancetta fumée
100 g de copeaux de parmesan
50 g de pâtes courtes (campaccé ou campanelles de préférence)
50 g de pignons de pin
1 branche de céleri
1 oignon
3 gousses d'ail
3 brins de persil plat
1 bouquet de basilic
1 branche de thym
1 feuille de laurier
6 cuillerées à soupe d'huile d'olive
Sel, poivre

/ La veille, faites tremper les haricots toute la nuit dans 1 litre d'eau froide.

/ Le jour même, préparez le pesto : épluchez et dégermez les gousses d'ail. Effeuillez le basilic. Mixez les pignons, l'ail et le basilic avec 4 cuillerées à soupe d'huile d'olive jusqu'à l'obtention d'une purée. Ajoutez la moitié du parmesan. Réservez.

/ Pelez et émincez l'oignon. Hachez le persil. Émincez le céleri. Épluchez les carottes, les pommes de terre et les courgettes puis taillez le tout en petits dés de 1 cm. Ôtez le trognon du chou et coupez les feuilles en lanières. Pelez, épépinez et coupez les tomates en petits morceaux. Taillez la pancetta en dés.

/ Faites chauffer le reste d'huile dans une grande cocotte puis faites revenir l'oignon 3 minutes à feu vif en remuant. Ajoutez la pancetta, les haricots égouttés, les petits pois, tous les légumes, le persil, le thym, le laurier et le pesto. Versez 2 litres d'eau, salez, poivrez et portez à ébullition. Couvrez et laissez cuire à petit feu pendant 30 minutes.

/ Ajoutez les pâtes dans la cocotte et continuez la cuisson 10 minutes à feu doux en couvrant.

/ Servez la minestrone bien chaude, parsemée de copeaux de parmesan.

Bon à savoir !
Vous pouvez remplacer les haricots secs par des haricots blancs frais (ou surgelés) ; la pancetta par des lardons fumés.

Soupe de haricots rouges et d'igname

JAMAÏQUE

Préparation
20 minutes

Cuisson
45 minutes

Ingrédients pour 4 personnes
300 g de haricots rouges secs
250 g d'igname
250 g de patates douces
165 ml de lait de coco
1 petit piment rouge (facultatif)
2 branches de céleri
2 gousses d'ail
1 cuillerée à café de quatre-épices
2 brins de persil + un peu pour le décor
1,5 litre de bouillon de volaille
Sel, poivre

/ La veille, faites tremper les haricots toute la nuit dans 1,5 litre d'eau froide.

/ Le jour même, épluchez la patate douce et l'igname puis coupez-les en petits dés. Pelez et émincez l'ail. Émincez le céleri. Ciselez le persil. Épépinez et hachez le piment.

/ Versez le bouillon de volaille dans une grande cocotte. Ajoutez les haricots rouges égouttés, les patates douces et l'igname, le céleri, le piment, l'ail, le persil et le quatre-épices ; salez et poivrez. Couvrez, portez à ébullition, puis laissez cuire à petit feu 30 minutes environ, jusqu'à ce que tous les légumes soient tendres.

/ Ajoutez le lait de coco dans la cocotte et continuez la cuisson 5 minutes.

/ Servez la soupe parsemée de persil ciselé.

Bon à savoir !
Si vous le souhaitez, vous pouvez ajouter de la viande hachée de bœuf dans la soupe.
Vous pouvez remplacer l'igname par du navet blanc long ; le lait de coco par de la crème fraîche mélangée à 1 cuillerée à soupe de noix de coco râpée ; la patate douce par du potiron ou de la courge.

Soupe de nouilles udon

JAPON

Préparation
15 minutes

Cuisson
25 minutes

Ingrédients pour 4 personnes
300 g de nouilles udon
300 g de pousses d'épinards
150 g de blancs de poulet
4 œufs
1 carotte
10 g de champignons shiitake séchés, émincés
2 échalotes
1 gousse d'ail
2 tiges de ciboule
3 brins de coriandre + un peu pour le décor
1 cm de gingembre frais
1,25 litre de bouillon de volaille
1 cuillerée à soupe de mirin (sorte d'alcool de riz) ou saké
2 cuillerées à soupe de sauce soja japonaise
2 cuillerées à soupe d'huile de tournesol

/ Coupez les blancs de poulet en fines lanières.
/ Pelez les échalotes, l'ail et le gingembre ; émincez le tout.
/ Pelez la carotte et taillez-la en tronçons.
/ Réhydratez les shiitake dans un bol d'eau chaude pendant 2 minutes, rincez et égouttez.
/ Plongez les nouilles dans une marmite contenant 2 litres d'eau bouillante et laissez cuire 10 minutes. Égouttez, rincez sous l'eau froide et réservez au chaud.
/ Faites chauffer l'huile dans une cocotte, puis faites revenir doucement les échalotes, l'ail et le gingembre sans laisser prendre couleur. Ajoutez le bouillon de volaille, la sauce soja, le mirin, le poulet, les carottes et les champignons. Portez à ébullition, puis réduisez à feu moyen et laissez cuire 10 minutes.
/ Blanchissez les épinards 2 minutes à l'eau bouillante, puis égouttez-les. Incorporez-les dans la cocotte avec la ciboule émincée et la coriandre ciselée. Continuez la cuisson 5 minutes à feu moyen.
/ Répartissez les nouilles dans les bols, puis recouvrez de soupe bouillante. Cassez 1 œuf par-dessus et parsemez de coriandre ciselée. Servez aussitôt.

Bon à savoir !
Vous pouvez remplacer les épinards par 130 g de brocolis ou 120 g de pois mange-tout ; le mirin par du vin blanc sec ; les nouilles udon par des nouilles de blé ou de riz fraîches ; les shiitake par des champignons de Paris ; les ciboules par des cébettes ou oignons nouveaux.

Soupe de poulet au lait de coco

LAOS

Préparation
20 minutes

Cuisson
25 minutes

Ingrédients pour 4 personnes
2 cuisses de poulet
200 g de champignons de paille en boîte
165 ml de lait de coco
1 gousse d'ail
5 brins de coriandre
3 tiges de ciboule
1 tige de citronnelle
1 cm de galanga (racine proche du gingembre)
2 feuilles de combava (variété de citron vert très parfumé)
Le jus de 1 citron vert
1 cuillerée à soupe de nuoc-mâm
Sel, poivre

/ Pelez et émincez l'ail. Ciselez les feuilles de combava. Émincez le galanga et la citronnelle.

/ Mettez les cuisses de poulet dans une cocotte contenant 1,5 litre d'eau. Ajoutez le galanga, l'ail, la citronnelle et les feuilles de combava ; salez et poivrez. Portez à ébullition puis réduisez le feu et laissez cuire 15 minutes environ.

/ Pendant ce temps, égouttez les champignons et coupez-les en trois. Nettoyez les ciboules et coupez-les en tronçons.

/ Égouttez les cuisses de poulet, retirez la peau et détachez la chair. Émincez-la et remettez les morceaux dans le bouillon de la cocotte.

/ Ajoutez le lait de coco, les champignons, le jus de citron, le nuoc-mâm et les ciboules. Continuez la cuisson 5 minutes.

/ Servez la soupe très chaude, parsemée de coriandre ciselée.

Bon à savoir !

Vous pouvez remplacer les champignons de paille par des champignons de Paris ; le galanga par du gingembre ; le lait de coco par de la crème fraîche mélangée à 1 cuillerée à soupe de noix de coco râpée ; le combava par du zeste de citron vert émincé ; la citronnelle par de l'aneth.

Soupe d'agneau aux légumes (harira)

MAROC

Préparation
25 minutes

Cuisson
40 minutes

Ingrédients pour 6 personnes
200 g d'épaule d'agneau désossée
100 g de pois chiches
100 g de lentilles vertes
100 g de petits pois frais écossés
50 g de vermicelles
3 grosses tomates
1 carotte
1 courgette
1 navet
1 branche de céleri
1 oignon
½ bouquet de persil plat
1 bouquet de coriandre
1 dose de safran
1 pincée de cannelle
1 pincée de carvi
1 cm de gingembre frais
Le jus de 1 citron
3 cuillerées à soupe d'huile d'olive
Sel, poivre

/ La veille, faites tremper les pois chiches toute la nuit dans 2 litres d'eau froide.

/ Le jour même, coupez l'agneau en petits dés. Rincez les lentilles à l'eau froide puis égouttez. Pelez et émincez l'oignon. Épluchez la carotte et le navet puis coupez-les en dés. Taillez également la courgette en dés. Pelez et épépinez les tomates puis coupez-les en petits morceaux. Émincez le céleri. Ciselez le persil et la coriandre. Épluchez et hachez le gingembre.

/ Faites chauffer l'huile dans une cocotte, puis faites revenir l'oignon et le gingembre 3 minutes à feu vif en remuant.

/ Ajoutez l'agneau, les lentilles, les pois chiches égouttés, les petits pois, le céleri et tous les légumes, les herbes ciselées et les épices ; salez et poivrez. Recouvrez avec 1,5 litre d'eau. Portez à ébullition, puis baissez le feu et laissez cuire 35 minutes environ.

/ Ajoutez les vermicelles dans la cocotte et continuez la cuisson pendant 5 minutes.

/ Servez la soupe bien chaude dans des bols, arrosée du jus de citron.

Bon à savoir !
Vous pouvez remplacer les pois chiches secs par des pois chiches en conserve (à ajouter en fin de cuisson) ; le carvi par des épices à couscous.

Soupe de poulet à la banane

MARTINIQUE

Préparation
15 minutes

Cuisson
35 minutes

Ingrédients pour 4 personnes
2 cuisses de poulet
1 banane plantain
200 g de patates douces
100 g de lentilles
2 petites carottes
1 branche de céleri
1 gros oignon
2 gousses d'ail
4 brins de persil
+ un peu pour le décor
1 branche de thym
2 feuilles de laurier
1 pincée de paprika (ou piment en poudre)
1,5 litre de bouillon de volaille
2 cuillerées à soupe d'huile de tournesol
Sel, poivre

/ Faites tremper les lentilles dans 1 litre d'eau froide pendant 2 heures.
/ Épluchez et coupez en petits dés la banane, les carottes et la patate douce. Pelez et émincez l'oignon et l'ail. Émincez le céleri. Ciselez le persil.
/ Faites chauffer l'huile dans une cocotte puis faites revenir l'oignon et l'ail 3 minutes à feu vif en remuant.
/ Versez le bouillon de volaille dans la cocotte. Ajoutez les cuisses de poulet, les lentilles égouttées, la banane, le céleri et les légumes, le thym, le laurier, le paprika et le persil ; salez et poivrez. Portez à ébullition, puis baissez le feu et faites cuire 25 minutes à couvert.
/ Égouttez les cuisses de poulet ; retirez la peau, détachez la chair et coupez-la en petits morceaux.
/ Ôtez le thym et le laurier de la cocotte. Prélevez la moitié de la soupe, mixez-la puis versez-la dans la cocotte. Ajoutez les morceaux de poulet et réchauffez le tout 4 minutes à feu moyen.
/ Ciselez du persil sur la soupe et servez.

Bon à savoir !
Vous pouvez remplacer le poulet par du filet mignon de porc ; la banane plantain par une banane Cavendish (normale) verte ; la patate douce par du potiron ou de la courge.

Soupe aux fèves

MEXIQUE

Préparation
20 minutes

Cuisson
30 minutes

Ingrédients pour 4 personnes
350 g de fèves fraîches écossées
150 g de grains de maïs en boîte
1 brocoli (250 g)
1 pomme de terre
1 poireau
1 oignon
1 branche de céleri
1 gousse d'ail
4 brins de persil
1,5 litre de bouillon de volaille
3 cuillerées à soupe d'huile de tournesol
Sel, poivre

/ Égouttez le maïs, réservez quelques grains pour le décor.

/ Pelez et émincez l'oignon et l'ail. Épluchez la pomme de terre et coupez-la en morceaux.

/ Ciselez le persil. Émincez le céleri. Ôtez le vert du poireau et émincez le blanc grossièrement. Séparez les bouquets du brocoli.

/ Faites chauffer l'huile dans une cocotte, puis faites revenir l'oignon et l'ail 3 minutes à feu vif en remuant.

/ Ajoutez les fèves, le maïs, le persil, le céleri et tous les autres légumes ; salez et poivrez. Recouvrez de bouillon de volaille. Portez à ébullition puis baissez le feu et laissez cuire 30 minutes environ.

/ Prélevez la moitié de la soupe et mixez-la. Reversez-la dans la cocotte (si vous trouvez votre soupe trop épaisse, allongez-la avec un peu d'eau chaude).

/ Servez la soupe très chaude parsemée de grains de maïs.

Bon à savoir !
Vous pouvez réaliser votre soupe avec des fèves écossées surgelées.

Soupe d'artichauts et d'aubergines

POLYNÉSIE

Préparation
20 minutes

Cuisson
35 minutes

Ingrédients pour 4 personnes
8 cœurs d'artichauts frais
2 aubergines
8 grosses gambas crues
2 gousses d'ail
2 brins de persil plat
+ un peu pour le décor
1 gousse de vanille
Le jus de 1 citron vert
4 cuillerées à soupe de lait de coco
ou de crème fraîche
2 cuillerées à soupe de pastis
1,25 litre de bouillon de volaille
25 g de beurre doux
Sel, poivre

/ Coupez les cœurs d'artichauts en quatre. Taillez les aubergines en petits cubes. Pelez et hachez l'ail. Ciselez le persil.

/ Versez le bouillon de volaille dans une grande cocotte. Ajoutez les cœurs d'artichauts, l'aubergine, l'ail, le persil et la gousse de vanille ; salez et poivrez. Portez à ébullition, puis réduisez le feu et laissez cuire 20 minutes environ.

/ Prélevez la moitié des aubergines et des cœurs d'artichauts (réservez l'autre moitié au chaud). Mixez-les avec un peu de bouillon puis versez cette soupe dans une casserole. Ajoutez le lait de coco et faites chauffer le tout 2 minutes.

/ Faites chauffer le beurre dans une poêle puis faites sauter les gambas 10 minutes à feu moyen. Salez, poivrez et flambez les gambas avec le pastis selon votre goût.

/ Versez la soupe chaude dans des assiettes creuses. Disposez harmonieusement le reste d'artichauts et d'aubergines ainsi que les gambas. Parsemez la soupe de persil ciselé et arrosez d'un filet de jus de citron vert.

Bon à savoir !
Cette soupe est vraiment délicieuse avec son léger goût de noisette.
Vous pouvez utiliser des artichauts en bocal (ajoutez-les 10 minutes avant la fin de cuisson) ou surgelés.

Soupe au pistou

PROVENCE

Préparation
20 minutes

Cuisson
50 minutes

Ingrédients pour 4 personnes
200 g de haricots coco verts plats
200 g de haricots blancs frais écossés
200 g de haricots rouges frais écossés
100 g de petits pois écossés
2 grosses tomates
1 grosse courgette
1 grosse pomme de terre
70 g de pâtes pour la soupe (pantacce)
1 bouquet de basilic
1 oignon
4 gousses d'ail
100 g de parmesan en copeaux
5 cuillerées à soupe d'huile d'olive
Sel, poivre

/ Préparez le pistou : pelez et dégermez les gousses d'ail. Mixez-les avec les feuilles de basilic en incorporant 3 cuillerées à soupe d'huile d'olive afin d'obtenir une pâte.

/ Épluchez la pomme de terre et coupez-la en dés ainsi que la courgette. Pelez et émincez l'oignon. Pelez, épépinez et coupez les tomates en petits morceaux. Taillez les haricots coco en tronçons de 4 cm.

/ Faites chauffer le reste d'huile dans une cocotte, puis faites revenir l'oignon 3 minutes à feu vif en remuant. Ajoutez tous les haricots, les petits pois, les légumes et le pistou. Salez, poivrez et couvrez avec 1,5 litre d'eau. Portez à ébullition, puis baissez le feu et laissez cuire 35 minutes environ.

/ Ajoutez les pâtes dans la cocotte et continuez la cuisson 10 minutes en remuant de temps en temps.

/ Servez la soupe très chaude parsemée de copeaux de parmesan.

Bon à savoir !
Si vous manquez de temps, utilisez du pistou en pot.
Vous pouvez remplacer tous les haricots frais par des haricots surgelés.

Soupe de poulet aux petits pois

LA RÉUNION

Préparation
20 minutes

Cuisson
40 minutes

Ingrédients pour 4 personnes
200 g de blancs de poulet
250 g de petits pois frais écossés
350 g de patates douces
2 grosses tomates
1 branche de céleri
1 gros oignon
2 gousses d'ail
3 brins de persil
20 cl de crème fraîche épaisse
35 g de beurre doux
1,5 litre de bouillon de volaille
Sel, poivre

/ Épluchez les patates douces et coupez-les en petits dés. Pelez et épépinez les tomates ; coupez-les également en petits dés. Émincez le céleri. Pelez et émincez l'oignon et l'ail.

/ Faites chauffer le beurre dans une cocotte, puis faites revenir l'oignon et l'ail 3 minutes à feu vif en remuant.

/ Ajoutez les blancs de poulet, les petits pois, les patates douces, les tomates et le céleri ; salez et poivrez. Recouvrez de bouillon de volaille. Portez à ébullition, puis baissez le feu et laissez cuire 30 minutes environ jusqu'à ce que tous les légumes soient tendres.

/ Égouttez les blancs de poulet puis coupez-les en petits morceaux dans le sens des fibres.

/ Prélevez la moitié de la soupe et mixez-la. Remettez-la dans la cocotte. Ajoutez les morceaux de poulet et la crème fraîche.

/ Servez la soupe parsemée de persil ciselé.

Bon à savoir !
Vous pouvez remplacer les petits pois frais par des petits pois surgelés ; la patate douce par du potiron ou de la courge.
Cette soupe peut être réalisée avec des restes de poulet cuit (ajoutez-les dans la soupe au bout de 20 minutes de cuisson).

Soupe de betteraves rouges au bœuf

RUSSIE

Préparation
25 minutes

Cuisson
1 h 30

Ingrédients pour 6 personnes
450 g de jarret de bœuf désossé
2 kg de betteraves rouges crues
450 g de tomates
350 g de chou blanc
2 pommes de terre
2 carottes
2 oignons
3 brins de persil
2 feuilles de laurier
6 cuillerées à soupe de crème fraîche
50 g de beurre
75 ml de vinaigre de vin rouge
Sel, poivre

/ Pelez et hachez les oignons. Épluchez les pommes de terre et les carottes, puis coupez-les en dés. Pelez et râpez les betteraves. Pelez, épépinez et coupez les tomates en morceaux.

/ Dans une cocotte, faites blondir les oignons avec le beurre 5 minutes à feu moyen en remuant. Ajoutez les légumes (sauf le chou), le jarret de bœuf, le laurier et le vinaigre. Recouvrez avec 2,5 litres d'eau ; salez et poivrez. Faites cuire à couvert 1 heure à feu moyen.

/ Nettoyez le chou, ôtez le trognon et émincez les feuilles.

/ Enlevez la cocotte du feu quelques instants pour laisser remonter la graisse à la surface. À l'aide d'une écumoire, ôtez la partie graisseuse de la soupe.

/ Égouttez la viande et coupez-la en fines lamelles. Ajoutez-les dans la cocotte ainsi que le chou. Continuez la cuisson à découvert 20 minutes à feu doux.

/ Rectifiez l'assaisonnement si nécessaire. Servez la soupe dans des bols, décorée de crème fraîche et de persil ciselé.

Bon à savoir !
Cette soupe, aussi nommée bortch, *est incontournable dans la gastronomie russe. Elle peut aussi se consommer froide ; dans ce cas, il est préférable de ne pas ajouter de viande. Vous pouvez l'accompagner de croûtons de pain frits.*

Crème de citrouille et homard

SAINT-BARTHÉLEMY

Préparation
20 minutes

Cuisson
30 minutes

Ingrédients pour 4 personnes
4 queues de homards cuites
800 g de citrouille ou courge
165 ml de lait de coco
2 pommes de terre
2 tomates
1 branche de céleri
1 oignon
2 gousses d'ail
2 brins de persil plat
5 brins de coriandre
1 branche de thym
1 litre de bouillon de volaille
30 g de beurre doux
Sel, poivre

/ Épluchez la citrouille et les pommes de terre puis coupez-les en petits morceaux.

/ Épluchez et émincez l'oignon et l'ail. Pelez, épépinez et hachez grossièrement les tomates. Émincez le céleri. Ciselez le persil.

/ Faites chauffer le beurre dans une cocotte, puis faites revenir l'oignon et l'ail 2 minutes à feu vif en remuant. Ajoutez tous les légumes, le persil et le thym ; salez et poivrez. Recouvrez avec le bouillon de volaille. Portez à ébullition puis réduisez à feu moyen et laissez cuire 20 minutes.

/ Pendant ce temps, détachez la chair de la carapace des queues de homards en conservant leur extrémité.

/ Retirez le thym puis mixez la préparation.

/ Ajoutez le lait de coco et les queues de homards dans la soupe. Réchauffez quelques minutes à feu doux.

/ Disposez le homard dans les bols. Versez la soupe, parsemez de coriandre ciselée et servez aussitôt.

Bon à savoir !
Vous pouvez remplacer le homard par 4 grosses gambas. Vous apprécierez mieux la saveur douce et sucrée de la citrouille si vous la faites cuire au four séparément ; vous la réintroduirez au moment de mixer la préparation. Pour agrémenter la soupe, ajoutez quelques crevettes cuites décortiquées.

Soupe d'agneau aux nouilles

TIBET

Préparation
15 minutes

Cuisson
35 minutes

Ingrédients pour 4 personnes
300 g d'épaule d'agneau désossée
200 g de nouilles de riz de 3 mm
100 g de chou de Shanghai
2 tomates
2 oignons
2 gousses d'ail
5 brins de coriandre
2 cm de gingembre frais
1,5 litre de bouillon de volaille
1 cuillerée à soupe de sauce soja
2 cuillerées à soupe d'huile d'olive
Poivre

/ Émincez l'agneau en fines lanières.

/ Pelez et épépinez les tomates, puis coupez-les en dés. Pelez et émincez l'oignon et l'ail. Épluchez et hachez le gingembre.

/ Faites chauffer l'huile dans une cocotte puis faites revenir l'oignon et l'ail 3 minutes à feu vif en remuant. Ajoutez l'agneau, le gingembre, les tomates et la sauce soja ; poivrez. Versez le bouillon de volaille et portez à ébullition. Couvrez et laissez cuire à petit feu 20 minutes environ.

/ Pendant ce temps, lavez le chou puis coupez-le en morceaux d'environ 5 cm.

/ Plongez les nouilles de riz dans une marmite contenant 2 litres d'eau bouillante et laissez cuire 7 à 10 minutes. Égouttez.

/ Dans la cocotte, ajoutez le chou et continuez la cuisson 5 minutes environ, jusqu'à ce qu'il soit tendre.

/ Répartissez les nouilles dans de grands bols. Versez la soupe chaude par-dessus et parsemez de coriandre ciselée.

Bon à savoir !
Vous pouvez remplacer l'agneau par du blanc de poulet ; le chou de Shanghai par du chou blanc ou chinois ; les nouilles de riz par des nouilles de blé fraîches.

Soupe de poulet et légumes

TUNISIE

Préparation
15 minutes

Cuisson
45 minutes

Ingrédients pour 4 personnes
2 cuisses de poulet
100 g de pois chiches
50 g de vermicelles
300 g de sauce tomate
2 carottes
2 branches de céleri
1 grosse courgette
2 oignons
5 brins de persil
4 brins de coriandre
1 cuillerée à café de carvi
1 pincée de paprika
Le jus de 1 citron
1,5 litre de bouillon de volaille
3 cuillerées à soupe d'huile d'olive
Sel, poivre

/ La veille, faites tremper les pois chiches toute la nuit dans 1 litre d'eau froide.

/ Le jour même, épluchez et émincez les oignons. Pelez les carottes et coupez-les en petits dés. Coupez également la courgette en dés. Émincez le céleri. Ciselez le persil.

/ Faites chauffer l'huile dans une grande cocotte, puis faites revenir les oignons 3 minutes à feu vif en remuant. Ajoutez les cuisses de poulet, les pois chiches égouttés, les carottes, les courgettes, le céleri, le persil, la sauce tomate, le paprika et le carvi ; salez et poivrez. Recouvrez avec le bouillon. Portez à ébullition puis baissez le feu et laissez cuire 30 minutes.

/ Égouttez les cuisses de poulet, désossez-les et coupez-les en petits morceaux. Remettez la chair dans la cocotte.

/ Ajoutez-y les vermicelles et continuez la cuisson 5 minutes environ à feu doux.

/ Parsemez la soupe de coriandre ciselée et arrosez de jus de citron. Servez bien chaud.

Bon à savoir !
Vous pouvez utiliser des pois chiches en conserve (ajoutez-les en fin de cuisson en même temps que les vermicelles). Le carvi peut être remplacé par des épices à couscous. Pour relever la soupe, ajoutez une pointe d'harissa.

Soupe froide de concombres aux noix

TURQUIE

Préparation
20 minutes
+ 3 heures au réfrigérateur

Sans cuisson

Ingrédients pour 4 personnes
1 kg de yaourt très épais
3 petits concombres turcs
ou 1 grand normal
2 gousses d'ail
½ bouquet de persil plat
½ bouquet d'aneth
3 cuillerées à soupe de cerneaux
de noix hachés
2 branches de menthe fraîche
2 cuillerées à soupe d'huile d'olive
1 cuillerée à café de sel

/ Épluchez les concombres et coupez-les en tout petits dés.
/ Dans un saladier, mélangez le yaourt avec 25 cl d'eau froide et le sel.
/ Pelez l'ail et pressez-le au-dessus du saladier. Ajoutez les dés de concombres et mélangez le tout.
/ Réservez la soupe au réfrigérateur pendant 3 heures minimum.
/ Ciselez le persil et l'aneth. Ajoutez-les à la soupe juste avant de servir ainsi que les noix et l'huile d'olive.
/ Répartissez la soupe dans des bols et parsemez de menthe ciselée.

Bon à savoir !
Cette soupe de concombres, ou cacik, originaire de la région égéenne, se consomme très froide.

Soupe au bœuf et nouilles de riz

VIÊTNAM

Préparation
15 minutes

Cuisson
15 minutes

Ingrédients pour 4 personnes
250 g de filet de bœuf
200 g de nouilles de riz de 3 mm
100 g de germes de haricots mungo frais (pousses de soja)
1 oignon
1 citron vert
1 piment rouge fort
1 bouquet de coriandre
1 cm de gingembre frais
8 feuilles de basilic thaï
2 tiges de ciboule
2 étoiles de badiane (anis étoilé)
2 cuillerées à soupe d'échalotes frites
½ cuillerée à café de poivre en grains
1 cuillerée à soupe de nuoc-mâm
1,5 litre de bouillon de bœuf

/ Pelez et hachez le gingembre. Nettoyez les ciboules et coupez-les en tronçons. Pelez et émincez l'oignon.

/ Épépinez et émincez le piment.

/ Versez le bouillon de bœuf dans une cocotte. Ajoutez le gingembre, les grains de poivre, l'oignon, la badiane, les ciboules, le piment et le nuoc-mâm. Portez à ébullition, puis réduisez le feu et laissez cuire 5 minutes. Pendant ce temps, taillez le filet de bœuf en fines lamelles.

/ Plongez les nouilles de riz dans une marmite contenant 2 litres d'eau bouillante et laissez cuire 7 à 10 minutes. Lavez le citron vert et coupez-le en quartiers. Équeutez les germes de soja, ciselez la coriandre et le basilic.

/ Égouttez les nouilles et répartissez-les dans les bols. Ajoutez les germes de soja, les quartiers de citron vert et les lamelles de bœuf. Versez le bouillon par-dessus après avoir retiré la badiane. Parsemez de coriandre, de basilic et d'échalotes frites. Servez aussitôt.

Bon à savoir !
Vous pouvez remplacer le filet de bœuf par du carpaccio ; les nouilles de riz par des nouilles de blé fraîches ; la ciboule par de la cébette ou des oignons nouveaux.

Remerciements

J'apprécie la dynamique, l'esprit positif et novateur qui règne au sein de l'équipe Mango.
Merci à Barbara Sabatier qui a accueilli avec enthousiasme mon projet : un tour du monde, à travers mes recettes de soupes.
Merci à Audrey Bernard pour m'avoir apporté ses conseils si précieux pour l'élaboration des textes, toujours avec gentillesse et bonne humeur.
Merci à Sandra Mahut pour la pureté de style et la mise en scène des recettes.
Merci à Fabrice Veigas pour la qualité et la beauté des images.
Merci à toutes les personnes rencontrées lors de mes voyages et qui m'ont livré leurs petits secrets culinaires, et à mes amis voyageurs qui, mieux qu'une carte postale, m'ont envoyé des recettes.
Merci enfin à mon fils Andy, à mon homme Richard, à sa sœur Évelyne, tous trois de fins gourmets, qui m'ont accompagnée gustativement tout au long de cette nouvelle aventure.

Je dédie ce livre à toutes celles et tous ceux qui partageront avec moi le plaisir de réaliser ces recettes et de régaler famille ou amis.

Juju Juhartini

La plupart des produits exotiques utilisés dans les recettes sont désormais disponibles dans les hypermarchés ou dans les épiceries spécialisées. Vous pouvez également les commander via des sites internet tels que **www.asiamarche.com**

Shopping :

- THE CONRAN SHOP
www.conranshop.fr
- MONTGOLFIER
www.montgolfier.fr
- ADÓNDE
www.adonde.fr
- D&M DÉPÔT
www.dmdepot.be
- MIKASA POUR GUY DEGRENNE
www.guydegrenne.fr
- TSÉ & TSÉ
www.tse-tse.com
- ASTIER DE VILLATTE
www.astierdevillatte.com
- STAUB
www.staub.fr
- ASA
www.asa-selection.com
- COMPAGNIE FRANÇAISE DE L'ORIENT ET DE LA CHINE
www.cfoc.fr
- MUJI
www.muji.fr
- LE PETIT ATELIER DE PARIS
www.lepetitatelierdeparis.com
- MERCI
www.merci-merci.com
- GARGANTUA
www.gargantua.ch
- HABITAT
www.habitat.fr

Équivalences

MESURES LIQUIDES

SYSTÈME MÉTRIQUE	SYSTÈME AMÉRICAIN	AUTRE NOM
5 ml	1 cuillère à thé (cuillère à café française)	
15 ml	1 cuillère à table (cuillère à soupe française)	
35 ml	1/8 cup (tasse française)	1 oz (ou once)
65 ml	1/4 cup ou 1/4 grand verre	2 oz
125 ml	1/2 cup ou 1/2 grand verre	4 oz
250 ml	1 cup ou 1 grand verre	8 oz
500 ml	2 cups ou 1 pinte	
1 litre	4 cups ou 2 pintes	

MESURES SOLIDES

SYSTÈME MÉTRIQUE	SYSTÈME AMÉRICAIN	AUTRE NOM
30 g	1 oz	
55 g	1/8 lbs	2 oz
115 g	1/4 lbs	4 oz
170 g	3/8 lbs	6 oz
225 g	1/2 lbs	8 oz
454 g	1 livre	16 oz

CHALEUR DU FOUR

CHALEUR	° CELSIUS	THERMOSTAT	° FARENHEIT
Très doux	70 °C	Th. 2-3	150 °F
Doux	100 °C	Th. 3-4	200 °F
	120 °C	Th. 4	250 °F
Moyen	150 °C	Th. 5	300 °F
	180 °C	Th. 6	350 °F
Chaud	200 °C	Th. 6-7	400 °F
	230 °C	Th. 7-8	450 °F
Très chaud	260 °C	Th. 8-9	500 °F

Du même auteur…

…dans la même collection

- Craquez pour les wraps !
- Craquez pour le surimi !
- Craquez pour la sardine !
- Craquez pour la banane !
- Craquez pour le chocolat !
- Craquez pour les tartares !
- Craquez pour les crevettes !
- Craquez pour le pain grillé !
- Craquez pour le Petit Billy !
- Craquez pour les brochettes !
- Craquez pour les petits farcis !
- Craquez pour la noix de coco !
- Craquez pour les œufs cocotte !
- Craquez pour les graines germées !
- Craquez pour le croque-monsieur !
- Craquez pour les petites mousses !
- Craquez pour la crème de marron !
- Craquez pour la cuisine des ch'tis !
- Craquez pour les gâteaux renversés !

Édition : Barbara Sabatier et Audrey Bernard – Maquette : Natacha Marmouget – Relecture : Armelle et Bernard Heron
N° d'édition : M10007 – ISBN : 9782842709204
Photogravure : Alliage
Achevé d'imprimer en janvier 2010 par Gruppo Editoriale Zanardi - Italie
Dépôt légal : janvier 2010 – Édition n°1
Code MDS : 73654